Über dieses Buch

Christoph Meckels neue Gedichte sind Liebesgedichte besonderer Art. Der moderne Romantiker beschwört keine romantische Liebe. Seine Verse sind Erinnerungen an die Stationen einer gescheiterten Liebesbeziehung, an einen gemeinsamen Ferientag, einen verregneten Nachmittag, eine schlaflose Nacht im Hotel. Es sind poetische Tagebuchnotizen, in denen sich Außenwelt – Sommer, Arkadien oder naßgrauer Winter – und Innenwelt – Zärtlichkeit, Glück, Eifersucht, Verstörtheit – zu eindringlichen Sprachbildern verdichten.

»Die Erinnerung an die Geliebte ist untrennbar verbunden mit dem Schmerz über ihren Verlust: ja, diesen Schmerz, der ebenso Schmerz ist über die Flüchtigkeit des Glücks, meint der Titel, denn er ist die Säure, welche die Erinnerung zersetzt und eine Wiederholung wenigstens in der Vorstellung zu einem zwiespältigen Vergnügen werden läßt... Meckels Gedichte gewinnen ihre Intensität durch Reflexion, durch den kunstvoll herbeigeführten Zusammenklang von Erotik, Reise und den Dichtertraum in einem prägnanten Moment.«

(Frankfurter Allgemeine Zeitung)

Der Autor

Christoph Meckel wurde 1935 in Berlin geboren. Er studierte Malerei und Graphik in Freiburg und München. Heute lebt er als freier Schriftsteller in Berlin und Südfrankreich.

Neben vielen Einzelausstellungen veröffentlichte er graphische Zyklen, Erzählungen, Gedichtbände und Romane, u. a. »Bockshorn«. Roman (1973), »Nebelhörner«. Gedichte (1959; 1977), »Licht«. Erzählung (1978; Fischer Taschenbuch Bd. 2100), »Tunifers Erinnerungen und andere Erzählungen« (Fischer Taschenbuch Bd. 2090).

1978 wurde Christoph Meckel mit dem Rainer-Maria-Rilke-Preis für Lyrik ausgezeichnet.

Christoph Meckel
Säure

Gedichte

Mit einer Grafik
des Autors

Fischer Taschenbuch Verlag

Fischer Taschenbuch Verlag
Juni 1981
Ungekürzte Ausgabe
Umschlagentwurf: Jan Buchholz/Reni Hinsch
Radierung: Christoph Meckel
Fischer Taschenbuch Verlag GmbH, Frankfurt am Main
Lizenzausgabe mit freundlicher Genehmigung der
Claassen Verlag GmbH, Düsseldorf
Copyright © 1979 by Claassen Verlag GmbH, Düsseldorf
Gesamtherstellung: Hanseatische Druckanstalt GmbH, Hamburg
Printed in Germany
580-ISBN-3-596-25122-2

Inhalt

Motto	9
Circe! Circe! lächelnd ...	11
Und ich warte immer noch, daß du von der Küste	13
Und die Nacht, in der die Maschinengewehre uns weckten ...	15
Ihre Telefonnummer. Als ich sie schließlich	17
Später, nach langem Fahren, blieb uns	19
Was für ein Leben auf solchen Inseln, geräuschlos ...	21
Alles wie immer: das Frühstück, der Blick in die Bäume ...	23
Zwei Tage und Nächte, Willkommen und Abschied ...	25
»– du der Einzige, mein persönlicher Fels!«	27
Erkennst du mich noch? Die Frage ist alt.	29
Lang schon bist du lebend nicht mehr da	31
Zu spät, zu spät. An allen Orten, die du ...	33
Alles vergeht, heißt ein altes Chanson, ...	35
Schon bevor sie sich trennten, kannte sie ihre ...	37
Ich vergesse ihre Geheimnisse. Die Zeit	39
Sie gibt es nicht zu, ma belle dame sans mercy	41
Wir helfen uns noch, du und ich ...	43
Merci pour les fleurs, mon amour ...	45
Verse die einschlagen! forderte der nette ...	47
Hab ich bloß Umgang mit bezahlten Leuten?	49
Schmetterlinge in den Marmorbrüchen ...	51
Hier an der schiefen hölzernen Veranda ohne Laub und Segel ...	53
Casa Bernini, unser altes Hotel. Und du gingst ...	55
Zeit der Illusion, unschlagbar und sorglos, als wir	57
Das war eine Zeit, als wir Babylon unsicher machten!	59
Im Vorgarten Eden blühn wieder Malven.	61
Geerntet der Kirschbaum, der Juni zu Ende, aber	63
Woher nehm ich die Worte für dich und den Sommer, Worte ...	65

Arkadien, falls es das gibt. 67
Ich brauche dich nicht. 69
Ende des Sommers, und Julia ist heute morgen 71
Du gibst keine Antwort und ich frage nichts. 73
Als wir morgens im Halbschlaf
am Gebirge entlangfuhren 75
Und ich blieb allein mit der Erinnerung 77
»Nichts fehlte von dir und von mir, nichts fehlte 79
Freude, ein Anfall von Glück betäubte sie 81
Die Partys, die Drinks, die sie macht, und die
Gespräche 83
Du siehst deinem Paßbild nicht ähnlich? 85
»– ihr habt einen Foxtrott 87
Wo werden wir sein im nächsten Sommer? Eine
Frage, die 89
Dem einen der Tod, dem andern das Leben, für mich . . . 91
Stella liebt Jim und Tonio liebt Stella 93
Über dich in Kälte ein Wort zu setzen 95
Und immer noch duftet dein Shawl nach Päonien,
obwohl 97
Worauf wartest du noch in deinem verriegelten 99
Mal ist es das Ja, mal ist es das Nein 101
Das kannst du später noch: Haare waschen,
dich anziehn 103
Ich sage nicht: 105
Ich fand den Gürtel ihres roten 107
Diesen einmal einen 109
Jahre des Schlafs, der Unbrauchbarkeit 111
Ich entdeckte euren Abtritt hinterm Holunder 113
Manchmal nachts, am Fenster, wenn das Gebirge 115

»Niemand konnte hier von einem
   Himmel auf Erden reden«

   (Graham Greene)

Circe! Circe! lächelnd
      mit nackten Brüsten
lag sie und rauchte, als ich
      vom Meer erzählte.

Und ich warte immer noch, daß du von der Küste
                    raufkommst in diesem
alten Omnibus, der einmal am Tag hier hält
        und lauter Leute ablädt, die kein Mensch erwartet.
Deine Koffer sind angekommen, die Shawls, die Schuhe
        und die bunten Gläser, die wir am Rialto klauten
das Bett ist schon hier, dein Bademantel, und erst der Tod
nur du selber fehlst noch, dein Atem, dein Lachen für zwei

Und die Nacht, in der die Maschinengewehre uns weckten
                                    und die Nacht
als die Maultiere in den Fluß gestoßen wurden
                                    und die Nacht
als der Zimmerkellner sagte:
                    es sind keine Menschen, Madame.
Und die Nacht, die schlaflose Nacht –
                              was sind zwei Nächte
in einem langen, todbringenden Leben, Madame!

Ihre Telefonnummer. Als ich sie schließlich
                    verloren hatte, dachte ich: das bist du los:
rumstehn in einer Telefonzelle im Winter, endlich
                        hast du das wieder: Zeit
und Winterzeit in rauhen Mengen
Ruhe in einer dunklen Bar mit einem Sherry
            und Iris entfernt sich auf dem Regenbogen.
Na schön; in der Jackentasche find ich sie wieder
zwei Wochen später, und alles beginnt von vorn:
das Ja, das Nein, das Vielleicht
                        die gurrende Hölle.

Später, nach langem Fahren, blieb uns
 noch etwas Zeit, und wir saßen rauchend
im Wagen, im Regen, nachts
 an der Straße nach Mailand
während die Lastwagen neben uns rauschten.
 Ich wollte
die Hand nicht mehr von ihren Brüsten nehmen
aber der Tag, die verschiedene Richtung
 unserer Jagden – unwiderruflich.

Was für ein Leben auf solchen Inseln, geräuschlos
            daß man unwillkürlich den Atem anhält.
Und die Schreie der Kinder, als der Fußball in die Lagune fiel
und der Wind in den Fliegengittern, der Schwan im Schilf
die Ankunft des Brotschiffs, und daß wir nie passendes
                  Kleingeld hatten für die Fähre
denkst du daran? Ich denke daran
      daß wir nutzlose Dinge liebten, wo immer wir waren.

Alles wie immer: das Frühstück, der Blick in die Bäume
 der Terminkalender, der Wintertag, die Gespräche
aber dein Lachen hell, deine Stimme sorglos wie selten
 so daß ich fürchte: das könnte schnell vorbei sein
grundlos, nicht abwendbar
 mit einem Blick in die Zeitung
der Erwähnung eines Namens
 dem plötzlichen Anblick der Zukunft

Zwei Tage und Nächte, Willkommen und Abschied
                                      es ist nicht die Liebe.
Es ist das Hotel an der Piste nach Babylon-City
der Blick durch das Fliegengitter auf Fluß und Steakhouse
der Sommer, der Regen, die Nacht und das Erwachen
      zu zweit in der Nacht, im Sommer, allein im Regen
es ist das Umarmen im Licht, ein Lachen, Erlöschen
      im offenen Sarg aus Süßholz und einmal für immer
der Handschuh, der Shawl, die Wimper, das Nagelscherchen

» – du der Einzige, mein persönlicher Fels!«
Und es schmerzte mich zu sagen: das ist zu wenig
damit kommst du nicht aus, ein Leben genügt nicht
in dieser Versenkung, ein einziger Mensch
     so bodenlos, verletzbar und unbeständig.
Der D-Zug raste am Bahnsteig vorbei
    und wir hielten uns fest in diesem Getöse.
Unsere Stimmen, so oder so verstummt.

Erkennst du mich noch? Die Frage ist alt.
Sag mir, ob dich mein Bart stört.
                              An dir stört mich nichts.
Ich erkenne dich hinter jeder Erscheinung, in diesem
              eingemotteten Mantel von anno Sesimbra.
Und ich weiß: du bist schöner geworden, seit ich
              auf dich warte in diesem verfuckten Hotel
und kein Mensch weiß, wo du bist
                              und kein einziger Mensch hier
weiß was los ist seit anno Sesimbra.

Lang schon bist du lebend nicht mehr da
                              und ich weiß nichts
anzufangen mit deinen Eulenaugen
nächtliche, fern und phosphorn, Auskunft verweigernd
unbeweglich selbst in der Umarmung
so daß ich (der alles versuchte) dir gegenüber
              da bin, ohne zu wissen, wie man das macht:
dich heimzuholen in das Licht und den Sommer.

Zu spät, zu spät. An allen Orten, die du
        mit ihr besucht hast, war sie mit einem andern.
Den Parthenon sah sie mit Mister Hopkins, die Küste
        von Californien mit einem gewissen Tonio.
Was sieht sie mit dir? Wer nach dir wird fragen, mit wem sie
        die Inseln sah, das Meer und die Buchten von Maari.
Du bist zu spät gekommen. Nach dir wird ein andrer
        an ihren Augen verzweifeln, aber du
führst sie ins Königreich Shin und zeigst ihr nichts Neues.

Alles vergeht, heißt ein altes Chanson,
                              und nichts läßt sich halten.
Die Blumen haltbar aus Stroh
                  und das Blech auf den Autofriedhöfen.
Das Parfüm, die Bücher und sowieso das Fleisch.
Es vergeht auch der Wein und das Wasser, und falls das Wasser
        nicht vergeht, vergeht der Durst auf das Wasser.
Vergeht, vergeht, und ich sehe, daß auch sie schon
    unruhig wird, zuviel raucht oder lacht, immer häufiger
anruft, nachts, ohne Grund, und ich soll ihr was sagen.

Schon bevor sie sich trennten kannte sie ihre
zukünftigen Liebhaber
                          vielleicht schon bevor er sie
erstmals in einer Septembernacht undsoweiter.
Das gab ihr die schöne Sicherheit (facilité)
Verlustgeschäfte auf leichter Schulter. Oft
hörte er sie morgens am Telefon, ihr Lachen
im Nebenzimmer; und Briefe in fremder Schrift
auf dem gemeinsamen Tisch, und ihr Gesicht –
                   undurchdringliche Ruhe, Heiterkeit.
Jetzt ist die Geschichte vorbei und er hat
                  außer der Episode (Vergötterung
von Augen und Schenkeln, erbarmungslosem
                                        Zauber)
nichts, keine Antwort.

Ich vergesse ihre Geheimnisse. Die Zeit
                           vergeht fast ohne Schmerz.
Aber heut wußte ich wieder, daß sie den Herbst
in einem Hotel in London verbringt, mit ihrem letzten
oder vorletzten Liebhaber. Und ich dachte
an die schmutzige Wäsche meiner Freundin,
                                    Grund genug
für Diskretion und Melancholie.
Ihre Affairen sind kein Geheimnis, aber ich kann ihr
auf einer Postkarte Gute Nacht wünschen, und sie
              weiß was los ist in unserer Lebenszeit.

Sie gibt es nicht zu, ma belle dame sans mercy
                                      sie gibt es nicht zu
den Verführer im Hintergrund, das Hotel, den Ort
Traum, Täuschung und Namen unter der Schädeldecke.
Sie lacht, sie schenkt mir Rasierzeug, Tabak und Wein
sie küßt mich erbarmungslos und umarmt mich sehr
und immernoch glaubt sie, damit durchzukommen.

Wir helfen uns noch, du und ich
                         wir helfen der Hoffnung
über uns wegzukommen ins Glück der andern und weiter
aus der Nacht in den Morgen, in schönes Gebiet
                         in den brennenden Regen
go west, go down, vor die Hunde, im freien Fall
nach Punt, Atlantis, Paphnuz, nach Arkadien und Shin
in den raumlosen Umkreis des Lichts und andere Arme.

Merci pour les fleurs, mon amour.
                        Seit wann schenkt sie Blumen?
Seit sie schlaflos wach liegt (nicht wegen ihm)
                                seit sie wegträumt
in andere Arme und wünscht, daß im nächtlichen Haus hier
alles beim alten bleibt, aber im Hintergrund
            ihre Geschäfte gut gehn, mit wem auch immer?
Schleierkraut, Schleierkraut –
                     und sie wünscht, daß er nett ist
ein ahnungsloser Kater, der für sie schnurrt
            und womöglich amüsant ist, wenn sie verzweifelt.

Verse die einschlagen! forderte der nette
Redakteur, als er mittags an seinem Schreibtisch
               Sekt für Poeten spendierte – und ich
hörte mal wieder die Explosion einer Bombe.
Verse die einschlagen. Und der Bussard
               runtergeschossen aus großer Höhe
schlug auf das Brachland,
                       blieb auf den Steinen liegen.
(Der Sturz und die Stille danach.
                          Ich hörte kein Wort mehr)

Hab ich bloß Umgang mit bezahlten Leuten?
Auch Julia spricht neuerdings von den sichren Finanzen
und H. der den Einsatz kennt, verkauft seine Prosa
           an irgendein dunkles Magazin für die Dame.
Wir trinken noch zusammen, aber ich bin
der Idiot in der Wolke mit meinen geflügelten Sätzen
und Julia, selbst Julia, hat keine Zeit mehr fürs Feuer.

Schmetterlinge in den Marmorbrüchen
                    und die Schreie der Esel.
Inseln, Inseln, dort sind wir nun einmal
                    und können gehn.
Schön ist der Wind, und herrlich
die Erinnerung an ihn in den Kinnbacken Babylons.
Das Licht verdirbt unsre Nacht
                    der Wind unsern Aufruhr.

Hier an der schiefen hölzernen Veranda ohne Laub und Segel
bewegt sich das Hafergras hell wie ihr Haar
                      in der Nacht, wenn sie wachliegt
unter den Küssen, den Küssen, und der Wind
                      rennt in die Buchten aus Afrikas Wärme
und das Hafergras zischt und das Haar und das Gras, das Gras
                      und die Haare, die Haare

Casa Bernini, unser altes Hotel. Und du gingst
durch die wehende Blüte als wärst du die Braut,
                         Magnolien und Schnee
im Licht des Morgens – ich blieb hinter dir zurück
in dem flimmernden Garten, erledigt
                                  von soviel Schönheit
deren unfaßbarster Teil du warst (sie
                             schmerzte dich nicht)

Zeit der Illusion, unschlagbar und sorglos, als wir
die Erinnerung des Mondes erzählten
               und die Wolke beim Namen riefen
ohne Führerschein nachts an der Küste
                           auf leeren Straßen
ziellos, im Rausch, im Halbschlaf – was ist mit dir los
daß die Spiele dir gleichgültig sind
                       und der Rumba Rumba
die Tanzböden in der Nacht zu laut zu leuchtend

Das war eine Zeit, als wir Babylon unsicher machten!
Aber still geworden, das Gesicht
    naß vor Schweiß an einer schönen Schulter.
Die leere Flasche rollt unter das Bett
    das Trinkgeld ist übertrieben, und der Portier
     hilft ihm neben die Dame in den Wagen.
Und er wirft seinen Hut auf die Fahrbahn
        und fährt drüber weg
        und lacht, alleine.

Im Vorgarten Eden blühn wieder die Malven.
Mach dir nichts draus
            das gehört zu den schönen Sachen.
Aber die Nacht und unsre Gesichter im Dunkeln
                zusammenstoßend in einem Kuß!

Geerntet der Kirschbaum, der Juni zu Ende, aber
im Traum trug ich Kirschen zurück in die Bäume
            hängte sie zwischen die Blätter und rief:
Die Kirschenzeit ist gekommen
                      bring Körbe und Leitern
und flieg in den Kirschbaum zu mir
                  wir träumen nicht lange!

Woher nehm ich Worte für dich und den Sommer, Worte
für den plötzlichen Hagel am Mittag
 der die Obstbäume drosch auf dem Hügel
atemlose Worte für den Tisch, der noch eben
 heiß in der Sonne stand
und wir rannten ins Haus, der Hagel füllte die Teller
 Suppenteller voll Hagel und ein durchnäßter Seidenshawl!

Arkadien, falls es das gibt.
                    Mir genügt es, daß ich nicht dort war.
Wenn du willst fahrn wir hin
                    wir verziehn uns in ein Hotel
wo man Weißwein bekommt, Kaffee und ein Bett für zwei
mit dem Blick, den du liebst:
                    in die offene Bläue am Morgen.
Arkadien oder Paris, deine Augen sind grau
und zwischen den Küssen bleibt Zeit
                    sich an nichts zu erinnern.

Ich brauche dich nicht. Du könntest kommen und gehn.
Du könntest bleiben, in meiner Wohnung, nachts.
Dein Körper ist denkbar ohne Verlangen
     und ich verdanke ihm, dich nicht zu lieben.
Mein Glück, dich nicht zu lieben, wird vollkommen
             durch dich.
Dein Gehn, dein Kommen
     wäre weder Ende noch Anfang von etwas.
Es wäre, schmerzlos, ein Kommen und wäre ein Gehn.
Aber ich glaube fast: unser Glück wäre größer
     wenn wir zweifeln könnten an dem, was ich sage.

Ende des Sommers, und Julia ist heute morgen
                         abgereist mit einem gewissen Hopkins.
Wenn sie wieder hier auftaucht, abgebrannt
und bereit zu weinen, hat sie den dunklen
                 süßen, feuchten, duftenden Mund verloren
und gehört nicht mehr zu den schönen Sachen.
Das Ende, wie immer, macht irgend ein Mister Hopkins.

Du gibst keine Antwort, und ich frage nichts.
                Im Fensterglas verdampft eine Tasse Tee.
Das Schweigen ist eine schlechte Gewohnheit
                      und schützt die Geheimnisse nicht.
Du bist dein eigener Chef
       der Sprecher deines Vermögens und Unvermögens
du bist dein eigener Verbraucher, dein Gott und dein Grab
                  du bist dein erster und letzter Rat
und ich umarme dich, während du rauchst und schweigst.

Als wir morgens im Halbschlaf am Gebirge entlangfuhren
vorbei am Müllplatz, wo wir den Abfall
            unsere Büchsen und Flaschen abgeladen hatten
(die Saison zu Ende, die Bungalows leer
            und die Ratten wurden wieder dünn und bissig)
und wir dachten daran, wie wenig wir uns geliebt
      und wieviel wir getrunken hatten in diesem Sommer
und wohin wir kommen mit diesem Verlustgeschäft
                wovon wir leben und wie das weitergeht.
(Sprachlos. Du und ich, und ein haltbarer Abgrund)

Und ich blieb allein mit der Erinnerung
                        an ein ausgetrocknetes Flußbett
und ein paar Autowracks zwischen den Steinen.
Das war in der Wüste, vielleicht Zacatecas
                        aber ich weiß nicht
ob Julia in Mexiko war und ob wir je
Halt machten an einem Flußbett, um es zu fotografieren.
Ihre Reisestiefel ohne Spuren von Sand.
    Nichts, nur die Reisestiefel ohne Spuren von Sand.

»Nichts fehlte von dir und von mir, nichts fehlte
wenn wir auf dem Land waren.«
                                        Morgen und Abend
Azur und Wind auf den Bergen
                              der Fluß und die Fichten
das Brot, der Wein, die Zeitung
                              der Tau und das Meerlicht
und daß wir abends hinter den Horizont
                und weiter zu den Lavendelmühlen fuhren.
Es fehlte nichts und jetzt fehlt alles. Es fehlt.
Du fehlst. Ich fehle. Babylon. Abwesenheit.

Freude, ein Anfall von Glück betäubte sie
                              als seine Gestalt
nocheinmal sichtbar wurde am Ausgang der Bar.
Aber das Erinnern danach – für immer
weniger wert als ihr Gang, allein
                    durch das Zwielicht, den Regen.

Die Partys, die Drinks die sie macht, und die Gespräche
gegen Morgen, wenn sie mit ihren Leuten
         auf die Terrasse kommt ganz erledigt vom Tanzen
ihre Verehrer, schwärmend wie sie
für den Anblick des Flugzeugträgers
                         da draußen im Mondlicht
und die Dünung hinter der Sandbank, hell
von den Bäuchen der Fische, die in den Buchten starben

Du siehst deinem Paßbild nicht ähnlich?
                                    Und ausgerechnet
zu mir nach Deutschland kommst du
                            damit so ein Esel am Zoll
dir sagt, daß du älter wirst! Wen hast du geliebt?
Wer hat dich zugrundegerichtet?
                                    Was hat deine Augen
so naß und finster verwüstet
                            daß du selbst nachts noch
die Sonnenbrille trägst im verdunkelten Zimmer?

» – ihr habt einen Foxtrott
                    durch die Hotelhalle geschoben
gegen Morgen zu, die Mäntel im Arm
                         (borracho! borracho!)
und seid mit dem Lift in die Liebe gefahren«.
Ich erinnere mich nicht. Aber schlafen zu zweit
        und erwachen in einem Bett, das war gemeinsam
der Morgen war zu spät für ein Frühstück
                         die Kleider am Boden
das Fenster geöffnet, ein Duft von Kälte – Schneelicht
auf dem unbekannten schönen Gesicht.

Wo werden wir sein im nächsten Sommer?
                    Eine Frage, die auftaucht
         immerwieder im Herbst, wenn wir im Wagen
nördliche Ebene durchfahren am Mittag, und jeder
         denkt an ein Glück, allein, ohne etwas zu sagen.
September, Weite des Tags, die belaubten Mauern
   Meerlicht und schnelle Winde und immernoch denkst du
die Küsse sind haltbar, und immernoch denkst du – was
                                               denkst du?
   Nochmal davongekommen in diesem Sommer.

Dem einen der Tod, dem andern das Leben, für mich
                                              eine Zigarette.
In der hohlen Hand will ich Asche sich häufen sehn
(wenn es hell wird in Babylon-City
                                       und der Tag ohne dich
mit Wind und Blüte über die Brücken kommt)
will ich dem Loch in der Wand
                                       dem Loch in der Wand hier
der von dir verlaßnen Matratze anvertraun
was ich sagen wollte in das lebendige Ohr
                                       schön, und für immer.

Stella liebt Jim und Tonio liebt Stella
                                     und Jim wohnt bei Tonio.
Und was weiß ich, wen Julia jetzt liebt
                             und warum sie noch immer
zu mir kommt, nachts, in offenen Kleidern, nachdem sie
               für immer sich trennte. Früher waren wir einzig
ein Schlaf, ein Sommer, ein Lachen im Wind –
                       jetzt sind wir ein ganzes Ensemble
jeder verschollen in der Nacht eines andern und nichts mehr
                   erinnert an die Gewißheit unserer Freude.

Über dich in Kälte ein Wort zu setzen
das dich auslöscht und deine Haut für immer
zu einem Stoff macht, den
                              kein Erinnern festhält!
Aber ich habe das Eis nicht, deine Gestalt
                    einzufrieren in meinem Gedächtnis.
(Eisblumenkleider klirren an deine Schenkel
an meine Ohren, doch deine Augen
dein Atem heiß, deine Brust, die Hände.)
Ich habe das Eis nicht, den Frost
                                        und friere.

Und immernoch duftet dein Shawl nach Päonien,
                                                obwohl
der Sommer vorbei ist, die Wohnung kalt
und was du hier riechst ist Seife, Benzin und Leder.
Geruch von Päonien, Päonien, was sind Päonien.
            Bäume, Früchte, gibt es ein Land Päonien?
(das muß etwas Altes sein, nicht mein Fall
                        abhanden, und herrlich)

Worauf wartest du noch in deinem verriegelten
                    Bungalow gegenüber dem Himmel
wielang noch läuten die Fähren zum Meer
                              die Gläser, die Glocken
wielang noch hat dir die Sonne nichts zu sagen
als ihren Untergang, schmerzlos und pünktlich, wielang noch
hältst du das aus: zu fehlen im Licht der Erde!

Mal ist es das Ja, mal ist es das Nein
der Schlaf und der Regen
die Sonne, der Herbst, der Kuß auf die Brust
die Wut und das Weinen
Gier, Ohnmacht, Entsetzen, Betrug
Meer, Bitterkeit, Hoffnung und Sommer
das Licht und der Kirschbaum
das Lachen, der Wein und die Freude
Nacht, Rausch, Vergessen, Verzicht, Verlust und Verloren
und vielleicht am Ende, zuletzt, wenn geräuschlos und trocken
die Öffnungen des Fleisches sich schließen
ist es die Liebe gewesen, mein Engel.

Das kannst du später noch: Haare waschen, dich anziehn
Reiseschecks wechseln, New Hampshire anrufen und was du
sonst noch vorhast – deine Geschäfte
    Verschwiegenheiten, das unerklärte Verschwinden –
Aber jetzt, dieser Augenblick fast ohne Verzehren, fast ohne
          Hunger oder Erloschensein
                      das Dröhnen der Fähre
hörst du, draußen, die Ruhe des Wintertages.

Ich sage nicht:
                    Du wirst jetzt langsam alt. Du mußt
häufiger geliebt werden. Über Nacht
sammelt sich Säure in deinen Augen und ich
                    kenne dich weniger als zuvor.
Immernoch wartest du auf den runden Mond
doch reißt die Zeit dich weg und dein Gesicht
zeigt schöne Reste von Küssen
                            und alten Sommern.
An dich muß jetzt gedacht werden und vorallem
            soll dir die Liebe nicht fehlen, nachts
wenn dich das Glück erinnert,
                        der schnelle Sommer.

Ich fand den Gürtel ihres roten
                Bademantels unter der Treppe nachdem sie
lange schon abgereist war, und nachts. Ich hatte
keinen Tiefschlag mehr erwartet.
                        Anfangen zu leben mit nichts
und einem Gürtel.

Diesen einmal einen
                            zitternden Muskel

aus dem Fleisch gerissen
verpflanzt in den eigenen Schatten.
Dort bleibt er kalt
                            er verbrennt nicht

ernährt keinen Tod
wird von Persephone nicht gefressen
                            verblutet nicht länger

Jahre des Schlafs, der Unbrauchbarkeit
                                       und des Vergessens.
Aber plötzlich: ihr Gesicht im himmeloffenen Morgen
die nackten Schultern, der Kaffeegeruch
                          und das Laub auf den Treppen
ein altes Feuerzeug im Regenstiefel
ein Lachen ohne Grund
                        die Rufe der Dohlen im Flußland
             die Schreie der Dohlen ein ganzes Leben.

Ich entdeckte euren Abtritt hinterm Holunder
und saß eine Weile dort, nicht weit von euch
                                und nah bei den Tannen
las eure alten Zeitungen und hörte die Stimmen
auf der anderen Seite des Hauses,
                                Julias Lachen, das Radio.
Während der Teezeit, manchmal,
                                im späten Sommer
geh ich für eine Weile weg und setz mich
                                auf euren Abtritt
und nichts fehlt mir von euch und von mir
in der unbesorgten Entfernung
                                zu euren Gesprächen.

Manchmal nachts, am Fenster, wenn das Gebirge
sich im Sturm verschob und die Pappeln dröhnten
sah ich ihn kommen, ungefähr, einzeln, und er
erkannte mein Haus und verschwand im Westen.
Aber einmal, wenn ich es nicht erwarte, wenn ich
verdammt nicht auf ihn warte, kommt er
                    in der normalen Nacht, mit Steinen,
schmeißt das Fenster ein und nichts mehr hilft mir
                wenn er ruft: ich hab dich, Meckel!

(nach Robinson Jeffers)

Bitte umblättern:

Christoph Meckel

Suchbild
Über meinen Vater
192 Seiten, gebunden

»Christoph Meckel schreibt eine klare, helle Prosa, er verfügt über eine einfache Sprache, die genau trifft und zugleich Transparenz besitzt, um das Dahinterliegende, Ungesagte mit spürbar zu machen. ›Suchbild‹ ist auch ein Beitrag zur Zeitgeschichte, ein Dokument, ein kleines Denkmal deutscher Irrwege. Es ist vor allem aber ein Buch der Befreiung.«
Frankfurter Allgemeine Zeitung

»Von allen Autoren, die sich auf die ›Suche nach der verlorenen Zeit‹ ihrer Väter begaben, ist Christoph Meckel am weitesten gekommen.« *Michael Schneider*

»Ihm Rahmen der ›Vater-Welle‹ der zeitgenössischen Literatur ist Christoph Meckels ›Suchbild‹ ein Ereignis durch die Balance zwischen Distanz und Nähe zu seinem Thema, besonders aber durch die poetische Kraft der Gestaltung.« *Salzburger Nachrichten*

claassen

Postfach 9229, 4000 Düsseldorf 1

NEUE LITERATUR

Im Fischer Taschenbuch Verlag

ILSE AICHINGER
Meine Sprache und ich. Erzählungen. Band 2081

GERHARD ROTH
Der große Horizont. Roman. Band 2082

ELIAS CANETTI
Die gerettete Zunge. Geschichte einer Jugend. Band 2083

PETER SCHALMEY
Meine Schwester und ich. Roman. Band 2084

GÜNTER KUNERT
Im Namen der Hüte. Roman. Band 2085

HERMANN BURGER
Schilten. Schulbericht zuhanden der Inspektorenkonferenz.
Roman. Band 2086

JACQUES CHESSEX
Der Kinderfresser. Roman. Band 2087

ANDREAS HÖFELE
Das Tal. Band 2088

DIETER WELLERSHOFF
Die Schönheit des Schimpansen. Roman. Band 2089

CHRISTOPH MECKEL
Tunifers Erinnerungen und andere Erzählungen. Band 2090

KLAUS SCHLESINGER
Alte Filme. Eine Berliner Geschichte. Band 2091

LARS GUSTAFSSON
Sigismund. Aus den Erinnerungen
eines polnischen Barockfürsten. Band 2092

PETER HANDKE
Der Hausierer. Roman. Band 2093

GERHARD ROTH
Winterreise. Roman. Band 2094

REINHARD LETTAU
Frühstücksgespräche in Miami. Band 2095

KLAUS STILLER
Traumberufe. Band 2096

NEUE LITERATUR
Im Fischer Taschenbuch Verlag

PETER HENISCH
Die kleine Figur meines Vaters. Roman. Band 2097

GÜNTER BRUNO FUCHS
Bericht eines Bremer Stadtmusikanten. Roman. Band 2098

HANNELIES TASCHAU
Landfriede. Roman. Band 2099

CHRISTOPH MECKEL
Licht. Erzählung. Band 2100

KLAUS SCHLESINGER
Berliner Traum. Band 2101

KLAUS STILLER
H-Protokoll. Band 2102

ELIAS CANETTI
Die Stimmen von Marrakesch.
Aufzeichnungen nach einer Reise. Band 2103

JOSEPH BREITBACH
Das blaue Bidet oder Das eigentliche Leben.
Roman. Band 2104

HANNA JOHANSEN
Die stehende Uhr. Roman. Band 2105

LARS GUSTAFSSON
Der Tod eines Bienenzüchters. Roman. Band 2106

GERHARD ROTH
Ein neuer Morgen. Roman. Band 2107

GÜNTER KUNERT
Camera obscura. Band 2108

KLAUS POCHE
Atemnot. Roman. Band 2109

GÜNTER BRUNO FUCHS
Krümelnehmer oder 34 Kapitel aus dem Leben
des Tierstimmen-Imitators Ewald K. Band 2110

EVA DEMSKI
Goldkind. Roman. Band 2111

GUNTRAM VESPER
Nördlich der Liebe und südlich des Hasses. Band 2112

LITERATUR DER GEGENWART

Ilse Aichinger
Die größere Hoffnung
Roman. Bd. 1432
-**Meine Sprache und ich**
Erzählungen. Bd. 2081

Emile Ajar
Du hast das Leben noch vor Dir
Roman. Bd. 2126
-**Monsieur Cousin und
Die Einsamkeit der Riesenschlangen**
Roman. Bd. 2174

Wolfgang Bächler
Traumprotokolle
Bd. 2041

Yves Berger
Großer Traum Amerika
Roman. Bd. 2242

Johannes Bobrowski
Levins Mühle
Roman. Bd. 956

Beat Brechbühl
Nora und der Kümmerer
Roman. Bd. 1757

Joseph Breitbach
Bericht über Bruno
Roman. Bd. 1752
-**Die Rabenschlacht**
Erzählungen. Bd. 1914
-**Das blaue Bidet**
Roman. Bd. 2104

Günter de Bruyn
Buridans Esel
Roman. Bd. 1880

Charles Bukowski
Aufzeichnungen eines Außenseiters
Bd. 1332
-**Fuck Machine**
Erzählungen. Bd. 2206
-**Kaputt in Hollywood**
Erzählungen. Bd. 5005

Hermann Burger
Schilten
Roman. Bd. 2086

Elias Canetti
Die Blendung
Roman. Bd. 696
-**Die gerettete Zunge**
Geschichte einer Jugend
Bd. 2083
-**Die Stimmen von Marrakesch**
Aufzeichnungen einer Reise
Bd. 2103

Truman Capote
Andere Stimmen, andere Räume
Roman. Bd. 1941
-**Eine Weihnachtserinnerung/
Chrysanthemen sind wie Löwen**
Zwei Erzählungen. Bd. 1791
-**Die Grasharfe**
Roman. Bd. 1086
-**Die Reise-Erzählungen**
Bd. 2234

Fischer Taschenbücher

LITERATUR DER GEGENWART

Jacques Chessex
Mona
Roman. Bd. 2210
-Der Kinderfresser
Roman. Bd. 2087

Hilde Domin
Das zweite Paradies
Roman. Bd. 5001

Ingeborg Drewitz
Wer verteidigt Karin Lambert?
Roman. Bd. 1734

Hubert Fichte
Versuch über die Pubertät
Roman. Bd. 1749

Ota Filip
Die Himmelfahrt des Lojzek
aus Schlesisch Ostrau
Roman. Bd. 2012
-Maiandacht
Roman. Bd. 2227

Gerd Gaiser
Schlußball
Roman. Bd. 402

Lars Gustafsson
Eine Insel in der Nähe von
Magora
Erzählungen und Gedichte.
Bd. 1401
-Herr Gustafsson persönlich
Roman. Bd. 1559
-Sigismund
Roman. Bd. 2092
-Der Tod eines Bienenzüchters
Roman. Bd. 2106

Peter Härtling
Eine Frau
Roman. Bd. 1834
-Hubert oder Die Rückkehr
nach Casablanca
Roman. Bd. 2240
-Zwettl
Roman. Bd. 1590

Joseph Heller
Catch 22
Roman. Bd. 1112
-Was geschah mit Slocum?
Roman. Bd. 1932

Stefan Heym
Collin
Roman. Bd. 5024
-Der Fall Glasenapp
Roman. Bd. 2007
-5 Tage im Juni
Roman. Bd. 1813
-Der König David Bericht
Roman. Bd. 1508
-Die richtige Einstellung
Erzählungen. Bd. 2127

Edgar Hilsenrath
Nacht
Roman. Bd. 2230
-Der Nazi & der Friseur
Roman. Bd. 2178

Aldous Huxley
Schöne neue Welt
Roman. Bd. 26

Fischer Taschenbücher

LITERATUR DER GEGENWART

Hermann Kant
Die Aula
Roman. Bd. 931

Marie Luise Kaschnitz
Tage, Tage, Jahre
Bd. 1180

Walter Kolbenhoff
Von unserem Fleisch und Blut
Roman. Bd. 2034

Jerzy Kosinski
Der bemalte Vogel
Roman. Bd. 2213
-**Cockpit**
Roman. Bd. 5002

August Kühn
Zeit zum Aufstehn
Bd. 1975
-**Münchner Geschichten**
Bd. 1887

Günter Kunert
Tagträume in Berlin und andernorts
Prosa, Erzählungen, Aufsätze.
Bd. 1437
-**Im Namen der Hüte**
Roman. Bd. 2085

Reiner Kunze
Der Löwe Leopold
Fast Märchen, fast Geschichten.
Bd. 1534
-**Die wunderbaren Jahre**
Bd. 2074

Ledda Gavino
Padre Padrone
Mein Vater, mein Herr
Roman. Bd. 2232

Siegfried Lenz
So zärtlich war Suleyken
Masurische Geschichten.
Bd. 312

Angelika Mechtel
Die Träume der Füchsin
Erzählungen. Bd. 2021

Elsa Morante
La Storia
Roman. Bd. 2000
-**Arturos Insel**
Roman. Bd. 1884

Caroline Muhr
Huberts Reise
Roman. Bd. 2209

Kenzaburo Oe
Eine persönliche Erfahrung
Roman. Bd. 5025

Robert M. Pirsig
Zen und die Kunst, ein Motorrad zu warten
Roman. Bd. 2020

Fischer Taschenbücher

LITERATUR DER GEGENWART

Konstanze Radziwill
Eine Art von Verwandtschaft
Roman. Bd. 5019

Luise Rinser
Mitte des Lebens
Roman. Bd. 256
-Ein Bündel weißer Narzissen
Erzählungen. Bd. 1612
-Bruder Feuer
Roman. Bd. 2124
-Hochebene
Roman. Bd. 532

Philip Roth
Professor der Begierde
Roman. Bd. 5007

Peter Rühmkorf
Auf Wiedersehen in Kenilworth
Bd. 2199

George Saiko
Auf dem Floß
Roman. Bd. 2236
-Der Mann im Schilf
Roman. Bd. 2203

Gerold Späth
Unschlecht
Roman. Bd. 2078
-Stimmgänge
Roman. Bd. 2175

Erwin Strittmatter
Ole Bienkopp
Roman. Bd. 1800
-Nachtigallgeschichten
Erzählungen. Bd. 2171

Dieter Wellershoff
Einladung an alle
Roman. Bd. 1502
-Ein Gedicht von der Freiheit
Erzählungen. Bd. 1892
-Die Schönheit des Schimpansen
Roman. Bd. 2089

Gabriele Wohmann
Ernste Absicht
Roman. Bd. 1297
-Frühherbst in Badenweiler
Roman. Bd. 2241

Christa und Gerhard Wolf
Till Eulenspiegel
Bd. 1718

Alexander Ziegler
Die Konsequenz
Roman. Bd. 3407

Fritz Zorn
Mars
Roman. Bd. 2202

Fischer Taschenbücher

COLLECTION S. FISCHER

Neue deutschsprachige Literatur im Fischer Taschenbuch Verlag

Monika Maron / Flugasche
Roman
Originalausgabe Bd. 2317

Die realistische Darstellung der Berufswelt und der Wünsche und Ängste einer Frau, die selbst denken und eigene Gefühle entwickeln möchte, macht den Roman „Flugasche" zu einem erstaunlichen literarischen Ereignis unserer Gegenwart.

Lothar Jordan, Axel Marquardt, Winfried Woesler (Hrsg.)
Lyrik – von allen Seiten
Zusammenhänge deutscher Gegenwartslyrik
Originalausgabe Bd. 2320

Das Buch vermittelt einen authentischen Einblick in das Werk wichtiger Autoren der letzten 20 Jahre und einen Überblick über den Stand der Diskussion um die Lyrik der unmittelbaren Gegenwart.

COLLECTION S. FISCHER

Neue deutschsprachige Literatur im Fischer Taschenbuch Verlag

Karl Corino/Tür-Stürze
Gedichte
Originalausgabe Bd. 2319

Die Gedichte von Karl Corino geben Auskunft über Redensarten und Bräuche, über Lebensläufe und Todesarten, und sind gezeichnet von einer ruhigen Erregung und einer düsteren Schwere.

Wolfgang Fritz
Zweifelsfälle
für Fortgeschrittene
Originalausgabe Bd. 2318

Das Buch erzählt die Lebensgeschichte des 50-jährigen Taras Vanyocki, der als gelernter Buchhalter permanent in Firmen arbeitet, die unrentabel arbeiten und bankrott gehen. Er, der immer alles gut machen und brav sein will, bleibt auf der Schattenseite der Gesellschaft.

LYRIK

Vicente Aleixandre
Gesicht hinter Glas
Gedichte/Dialoge
Band 2255

Rose Ausländer
Im Atemhaus wohnen
Gedichte. Mit einem Nachwort
von Jürgen Serke
Band 2189

Hans Bender (Hrsg.)
In diesem Lande leben wir
Deutsche Gedichte der
Gegenwart
Band 5006

Gisela Brinker-Gabler (Hrsg.)
Deutsche Dichterinnen
vom 16. Jahrhundert bis zur
Gegenwart
Gedichte-Lebensläufe
Band 1994

Paul Celan
Die Niemandsrose/Sprachgitter
Gedichte
Band 2223

Das deutsche Gedicht
Vom Mittelalter bis zum
20. Jahrhundert
Band 155

Odysseas Elytis
To Axion Esti
Gepriesen sei
Gedichte und Prosa des
griechischen Nobelpreisträgers
Band 5029

Erich Fried
Warngedichte
Band 2225

André Heller
Sie nennen mich den
Messerwerfer
Lieder. Worte. Bilder
Band 1466

Erich Kästner
Die kleine Freiheit
Chansons und Prosa
Band 1807
-Der tägliche Kram
Chansons und Prosa
Band 2025

Michael Krüger
Diderots Katze
Gedichte
Band 2256

Günter Kunert
Verlangen nach Bomarzo
Reisegedichte
Band 5018

Reiner Kunze
Zimmerlautstärke
Gedichte
Band 1934

Fritz Pratz (Hrsg.)
Deutsche Gedichte
von 1900 bis zur Gegenwart
Band 2197

Ralf-Rainer Rygulla (Hrsg.)
Fuck you!
Underground-Gedichte
englisch-deutsch
Band 2254

Fischer
Taschenbücher